CONTES

ANECDOTIQUES ET ÉPIGRAMMATIQUES

PAR

VICTOR DELERUE.

> . . . . Je vieillis ;
> Essayons de cacher nos rides sous les ris

LILLE

IMPRIMERIE L. DANEL.

—

1871.

CONTES

ANECDOTIQUES ET ÉPIGRAMMATIQUES.

CONTES

anecdotiques et épigrammatiques

PAR

VICTOR DELERUE

. . . . Je vieillis ,
Essayons de cacher nos rides sous les ris.

LILLE,

IMPRIMERIE DE L. DANEL.

1871.

LE SONNEUR DE CLOCHES
ET LE GAZETIER.

———

Sous une enveloppe grossière,
Il arrive encor quelquefois
Qu'on trouve un de ces vieux Lillois
A l'esprit raide, à l'âme fière,
Et qu'on voit à certain moment
Ressembler à la dure pierre
D'où jaillit un trait de lumière
Quand on la heurte imprudemment.

A son voisin, pauvre Sonneur de cloches,
En souriant disait un Gazetier :
« Il est joli votre métier,
» Mais il est loin d'être exempt de reproches !
» De l'airain solennel vous empruntez la voix
» Et vous criez jusqu'au-dessus des toits :
» Allez, allez, courez tous aux offices
» Pour vous rendre les cieux propices.
» Mais, vieux farceur, on ne vous y voit pas. »

Notre Sonneur, sans le moindre embarras,
Lui répondit : « Mais, Monsieur, il me semble

» Mon Dieu ! ne vous alarmez pas ,
» Répondis-je aussitôt, et restez bien tranquille ;
 » Ce qu'on appelle une bouche inutile
 » C'est celle qui ne parle pas ;
 » Vous le voyez donc bien, Madame ,
 » Jamais , non jamais une femme
 » Ne peut se trouver dans ce cas. »

LA LEÇON DE CATÉCHISME.

Le curé d'un pauvre village
Un jeune enfant examinait,
Afin de s'assurer s'il était assez sage
Pour être admis au saint banquet.
« Dis-moi, mon petit camarade,
» Quand donc est mort notre Seigneur ?
» Il est mort, dit l'enfant. Ah ! c'est un grand malheur;
» Mais je ne savais pas, Monsieur, qu'il fut malade. »
La mère était présente, elle dit à son tour :
« Pardonnez à mon fils, dans notre maisonnette,
» Nos six enfants, Monsieur, travaillent tout le jour
» Et l'on n'a pas le temps de lire la gazette. »

LE GAZETIER ET LE CRITIQUE.

Au bal masqué du mardi-gras
Mes amis, je voudrais me rendre ;
Mais j'éprouve un grand embarras,
Je ne sais quel costume prendre
Disait un gazetier bien connu dans la Flandre.
Lorsque l'un d'eux lui répondit :
« De vos opinions faites-vous un habit,
» Si vous trouvez tailleur assez habile
» Pour se tirer d'un pas si difficile ,
» Et je soutiens qu'alors , sous le soleil ,
» On n'aura vu jamais un arlequin pareil ! »

LE MÉDECIN ET SA MALADE.

Un vieux docteur avait traité
Une chanteuse fort célèbre
Par ses talents, par sa beauté,
Et, grâce à lui, de la rive funèbre
Elle s'était sauvée heureusement.
Quand le docteur pour le paiement
Se présenta chez sa belle cliente,
La chanteuse était ravissante !
« Si l'âge seul, dit-elle, amenait le talent
» Vous devriez, Monsieur, être vieux, et pourtant
» Vous êtes si coquet et si soigné qu'en somme
 » Vous avez l'air d'un tout jeune homme,
 » On s'y tromperait aisément,
 » Ceci soit dit sans compliment. »
Le docteur répondit : « Ah ! Madame est trop bonne,
 » J'en fais l'aveu, je suis dans mon automne.
» — Eh! mais l'automne encor compte de bien beaux jours
 » Où se complaisent les amours, »
Minauda la chanteuse avec un doux sourire.
Aussitôt le docteur se hâta de lui dire :
 « Oui, mais que chétifs sont les fruits
 » Et combien sont froides les nuits. »

Une réponse aussi sévère
N'eût pas besoin de commentaire,
La chanteuse comprit, paya
Et le docteur la salua.

L'ANCIENNE GALANTERIE.

Nous tournons à la barbarie ;
L'homme ne porte plus ni manchettes, ni gants ;
Il est lourd, grossier, malséant,
Ah ! c'en est fait de la galanterie !
Il n'était que les gens de notre ancienne cour
Pour posséder ce ton, ces égards, cette grâce
Que le sexe aime tant et qui de jour en jour
Se perdent, sans qu'on puisse en retrouver la trace.
Ecoutez et jugez.

Quand il était permis
De nager en pleine eau, sans craindre la police,
Un aimable et jeune marquis
Se livrait dans la Seine à ce noble exercice,
Lorsqu'emporté par deux chevaux ardents,
Rebelles au cocher, ayant le mors aux dents,
Un landau passe, verse et jette sur la rive
Une duchesse, hélas ! mais plus morte que vive !
Témoin de ces deux accidents
Le marquis sort de l'eau, court, relève la dame
Et lui dit rougissant : Ah ! de grâce, Madame,
Excusez-moi si je n'ai pas de gants.

LA RIPOSTE.

Écoutez-moi, mes bons amis,
Et retenez cette morale :
L'insolence est comme une balle
Que l'on jette sur un tamis,
On la lance avec force et même avec adresse,
Mais tel aussi qui la reçoit
Usant largement de son droit,
Nous la retourne avec rudesse
Et souvent c'est nous qu'elle blesse.

Un archevêque de Paris,
Dans les salons d'un dignitaire
Entrait pompeusement avec son caudataire,
Un chevalier de Saint-Louis,
Portant l'extrémité de ces riches habits,
Ou sa queue, en terme vulgaire.
Vous le voyez, c'était au temps jadis.
Or, un spirituel marquis
Dit au prélat, voyant cet étalage :
« Pour porter votre queue, ayez plutôt un page
» Qu'un chevalier de Saint-Louis.
» De cet ordre royal c'est faire un grand mépris ! »
—« Vous vous trompez, Monsieur, l'emploi de caudataire,
Dit le prélat d'un ton sévère,

» Ne manque pas de dignité,
» Il n'en est pas de plus sollicité,
» Il se trouve au nobiliaire
» Et l'un de vos parents l'obtint de ma bonté. »
— « Ah ! Monseigneur, vous ne m'étonnez guère,
» Ma famille nombreuse eut de ces pauvres hères
» Qui ne savaient à quoi mettre la main,
» Qui flairaient, nez au vent, un dîner d'une lieue
» Et qu'on voyait réduits, pour un morceau de pain,
» A tirer chaque jour le diable par la queue. »

UN MEUBLE.

Je ne fais plus de politique ,
Je connais trop ses rancuneux débats ,
Et dans ce conte anecdotique
Vous auriez beau chercher , vous n'en trouveriez pas.

Dans un bazar où l'industrie
Étalait ses produits divers ,
Et montrait que notre patrie
Était en tout reine de l'univers,
Devant un meuble très-commode
Qui jouit d'un certain renom ,
Mais dont jusqu'à ce jour la mode
N'a point encor daigné reconnaître le nom ;
Devant une chaise percée
Une dame élégante arrête son regard ,
Et rougissant et la bouche pincée ,
En demande le prix au maître du bazar.
Celui-ci vante outre mesure
Le bon goût de l'objet , sa forme , sa façon ,
Qui peut en faire un meuble de salon
Par son élégante tournure.
Et puis, allant de plus fort en plus fort ,
Il vante la clef , la serrure ,
Digne d'un riche coffre-fort.
Quand la dame lui coupe la parole
En lui disant entre ses dents :
Pour ce que je mettrai dedans ,
Je n'ai pas peur qu'on me le vole.

UN COUVENT.

C'était au temps de la Terreur.
La cloche d'un couvent à sa sainte chapelle
Réunissait la milice fidèle
Des vierges de Notre-Seigneur.
Là, se trouvait la vieille mère abbesse
Qui, le front chargé de tristesse,
Leur dit : « Chers enfants, signez-vous.
» Je viens vous apporter le plus rude des coups !
   » Un décret de la République,
   » Exécrable gouvernement
   » Qui, dans ce funeste moment
   » Nous tient sous son joug tyrannique,
   » M'enjoint... ô comble des horreurs !
» M'enjoint de lui remettre au juste les grandeurs
   » De vos bouches, mes saintes filles,
   » Vous, la gloire de vos familles,
   » Pour... la rougeur m'en monte au front,
» Vous ne souffrirez pas un si sanglant affront,
» Pour donner un époux aux plus petites bouches,
   » Pour vous livrer à des hommes farouches,
   » A des soldats républicains,
   » Des mécréans, des êtres inhumains !

» Frappez, frappez trois fois votre sainte poitrine.
» Implorez à genoux la justice divine,
» Hélas ! ce n'est pas tout, voici le plus affreux !
» C'est... c'est que les grandes en auront deux !!! »
  Alors ! merveille des merveilles,
  Les bouches qui, l'instant d'avant,
  Laissaient voir à peine une dent, -
  Se fendirent jusqu'aux oreilles !

LA MANIE DU CALEMBOURG.

De cent et cent façons la triste infirmité
  Sur notre pauvre humanité
  Pèse, et je vais vous conter comme
Pour être pair de France on n'en est pas moins homme.

De la noble assemblée assise au Luxembourg,
  Certain baron avait la présidence.
Il avait de l'esprit, aimait le calembourg
Dont il usait parfois avec incontinence.
D'une autre, hélas! il se trouvait atteint;
  Mais j'éprouve un cruel martyre
Pour la nommer, et je me borne à dire
  Qu'on la sent mieux qu'on ne la peint.

En descendant un jour de la tribune,
  Un orateur fit un faux pas,
  Et le baron lui dit tout bas :
  « Je prends part à votre infortune,
  » Et dès demain, rassurez-vous,
  » La chambre aura des garde-fous. »
  Notre orateur à la riposte habile,
  Se rappelant la triste infirmité
Du vieux baron, lui dit avec malignité :
  « Un parapet nous serait plus utile. »

LE FILS D'UN MORT.

« Votre père était un digne homme,
» Charitable et pieux, probe et bon, mais en somme,
    » Cet homme est mort sans sacrement,
    » Car il est mort subitement.
    » Depuis, son âme en purgatoire
    » Attend, hélas ! pour en sortir,
    » Attend une œuvre expiatoire
» Et vous n'avez rien fait, Monsieur, pour l'obtenir.
  » Ah ! croyez-moi, faites dire des messes,
» C'est par là que du ciel on obtient les largesses.
  » Du repos éternel c'est le gage assuré ;
  » Ne pas en profiter, ne pas en faire usage
    » Serait d'un fils dénaturé.
  » Ça scandaliserait notre petit village. »
    Ainsi parlait un homme sage ;
    Mais le fils du mort répondit
    Avec moins de cœur que d'esprit :
    « Je pensais vous l'avoir déjà dit.
    » Vous ne connaissiez pas mon père,
    » Jamais, non jamais sur la terre
    » On ne vit pareil entêté,
    » Homme vivant plus à sa mode !
    » Il a quarante ans habité
    » La maison la plus incommode
    » Que votre esprit puisse inventer,

» Sans jamais vouloir la quitter ;
» Pour triompher du refus de mon père ,
» Chacun m'a vu tout employer ,
» Le droit , la raison , la prière ;
» J'ai descendu jusqu'à l'huissier !
» Or , si mon père, hélas ! se trouve en purgatoire ,
» Il ne voudra point en sortir
» Sans que son temps expiatoire
» Vienne de lui-même à finir.

LE SINGE.

Alors que l'école primaire
N'avait pas porté le flambeau
De sa pénétrante lumière
Jusqu'au plus rustique hameau ,
Venus à la foire de Lille
Deux bons et simples villageois ,
Comme il en était autrefois ,
En tous sens parcouraient la ville.
Pierrots , paillasses , charlatans ,
Escamoteurs et chiens savants
Ne déridèrent leur visage
Qui semblait dire : Il en est au village ;
Mais en voyant un singe ils rirent aux éclats ,
Et l'un d'eux dit à l'autre tout bas
En balançant la tête,
« Wiet un peu ! chné mi un' biête ,
» Chné mi un' gent
» Il faut qué soit un Flamen. »

LE DON D'UNE STATUE.

Émus devant leur auditoire,
A la tribune un orateur,
Dans la chaire un prédicateur
Ne peuvent pas toujours compter sur leur mémoire.
Témoin cette petite histoire
Dont je vous garantis l'exacte vérité.
Qui peut douter, d'ailleurs, de ma sincérité ?

Le vieux curé d'une petite église
D'une statue avait reçu le don,
Celle de Saint-François d'Assise
En grand honneur dans le canton,
Il voulut par un beau sermon
Mettre au grand jour les vertus du saint homme
Et le montrer au céleste royaume
Aux premiers rangs des élus du Seigneur !
Puis s'animant, redoublant de chaleur
Il s'écria : « Si Dieu n'y met sa grâce,
» En cette église où trouver une place
» Qui soit digne d'un saint si grand, si glorieux
» Qui siége au plus haut dans les cieux
» Avec une auréole au-dessus de la tête?
» D'un saint. . . . . »
Perdant ici le fil de son sermon,
Le vieux curé vingt fois répète :

« Où le posera-t-on, où le posera-t-on,
    » Où pourra-t-on lui trouver une place
» Égale à son mérite ? à chercher je me lasse ?

. . . .

    Ennuyé du sermon, un brutal auditeur
        Se lève et dit : « Qu'à çà ne tienne,
        » Tenez, Monsieur, prenez la mienne,
        » Je la lui cède de grand cœur. »

        Vous dire en quels temps, en quels lieux
        On me conta cette petite histoire,
        Je ne saurais, je deviens vieux,
Et sur ce point aussi j'ai perdu la mémoire.

UN ENTERREMENT.

Revenu tout en pleurs du convoi de sa femme ,
    Ceci soit dit sans épigramme ,
Un homme recevait de ses nombreux amis
Des consolations et surtout des avis ;
    « Ayez donc plus de force d'âme ,
» Lui dit l'un d'eux , et montrez-vous soumis
    » Aux décrets de la Providence ,
    » En murmurer est une offense !
» On n'est point ici bas pour y rester toujours ,
    » De vos pleurs arrêtez le cours ,
» Vous étiez bon époux , soyez aussi bon père ,
» Vivez pour vos enfants par amour pour leur mère ,
    » Car ils n'ont plus que vous pour soutien
» Et. . . . . »
    Merci , mon vieux camarade ,
Je me sens beaucoup mieux , et cette promenade
    En vérité m'a fait du bien.

LE MEDECIN ET LE NORMAND.

Les Normands sont rusés, à ce que dit l'histoire,
　　Et si vous pouviez en douter
　　Prenez la peine d'écouter
Ce fait, dont mon esprit a gardé la mémoire.

　　D'Évreux ou bien de Caen, certain cultivateur
　　Vint tout contrit implorer un docteur
　　　Pour donner des soins à sa femme
　　　Qu'il disait prête à rendre l'âme.
　　　Il ajoutait : « n'ayez pas peur,
　　　» J'ai, pour payer votre honoraire,
　　　» Mis en réserve cent écus
　　» Et nous ajouterons quelque chose de plus
　　　» Si cela devient nécessaire.
» Je ne veux pas, docteur, qu'en rien vous vous gêniez,
　　» Disposez de ma femme en liberté complète,
　　» *Que vous la guérissiez ou que vous la tuiez,*
　　　» La volonté de Dieu soit faite.
　　　» Contre elle on ne résiste pas
　　» Et vous serez payé dans l'un ou l'autre cas,
　　　» Je vous en donne l'assurance. »

　　　Là-dessus le docteur s'en va
　　　Voir la malade qu'il trouva
En un si grand danger que, malgré sa science,

Entre ses mains elle mourut.

Ce n'est pas tout, quand apparut

Le docteur avec son mémoire,

Notre normand lui dit : « Perdez-vous la mémoire,

» Cher docteur, je ne vous dois rien.

» De grâce rappelez-vous bien,

» Notre marché ; j'ai dit, la chose est claire,

» J'ai dit en vous parlant d'une épouse aussi chère,

» *Que vous la guérissiez ou que vous la tuiez*

» Mon argent est à vous, eh bien ! appréciez ?

» Avouez-vous avoir tué ma femme ? »

« — Oh non ! dit le docteur, oh non ! et sur mon âme

» J'ai tout tenté pour la guérir,

» Mais sans pouvoir y parvenir.

» — Bon, l'avez-vous guérie ? — Hélas !

» Les décrets de la Providence

» Sont au-dessus de l'humaine science,

» Dieu l'avait vouée au trépas !

» — Donc reprit le Normand, tout haut je le proclame,

» *Vous n'avez ni tué, ni rétabli ma femme*

» Donc je ne vous dois rien, non rien, pas un liard,

» J'ai là-dessus l'avis de l'avocat Braillard, »

Et le rustre partit.

En un semblable piége

Nos bons docteurs ne tombent pas

Et conservent toujours le double privilége

D'être payés dans l'un ou l'autre cas.

www.ingramcontent.com/pod-product-compliance
Lightning Source LLC
Chambersburg PA
CBHW050428210326
41520CB00019B/5833